"Doedd dim car ers talwm, pan oedd Nain yn fabi," meddai Rala Rwdins.

Ers talwm, doedd dim trydan, dim car…

Amser maith yn ôl…

Does dim byd wedi newid yma ers amser maith.

Roedd pawb yn byw fel pobl Gwlad y Rwla!

Ond mae gan Strempan drydan.

Ac mae ganddi gar!

Karl Benz

1844–1929

9

Mae gan Strempan ffôn a chyfrifiadur.

Steve Jobs

1955–2011

Wnes i job go lew!

Alexander Graham Bell

1847–1922

Diolch i fi!

10

Rydw i'n hoffi pethau sy'n gwneud SŴN!!

11

Mae Rala Rwdins yn dal i olchi dillad
mewn twb, fel ers talwm.

Ond mae Strempan yn defnyddio peiriant
i olchi dillad.

Mewn crochan mae Rala Rwdins yn coginio bwyd, fel ers talwm.

14

Ond mewn popty ping mae Strempan yn coginio bwyd.

15

Crasu bara â fforc uwchben y tân
mae Ceridwen i wneud tost.

16

Ond sboncian o dostiwr mae tost Strempan!

Mae'r Dewin Doeth yn mwynhau gwrando ar gerddoriaeth ar record.

Ond gwrando ar gerddoriaeth wrth fynd am dro mae Strempan.

Ffôn

MP3

iPod

A fi!

Efo ysgub mae Rala Rwdins yn glanhau.

Ond mae hwfer swnllyd gan Strempan.

Y beic cyntaf
1819

Y ffôn cyntaf
1876

Y car cyntaf
1886

Nain Rala
Rwdins 5 oe

1800 1810 1820 1830 1840 1850 1860 1870 1880 1890 1900

200 mlynedd yn ôl.

100

amser  **Heddiw**

Y teledu cyntaf
1936

Y ffôn symudol
cyntaf 1973

Y cyfrifiadur
Apple cyntaf
1976

Rala Rwdins
5 oed

Rwdlan
5 oed

0 | 1920 | 1930 | 1940 | 1950 | 1960 | 1970 | 1980 | 1990 | 2000 | 2016

lynedd yn ôl.

Eleni

Does neb yn gwybod beth fydd yn digwydd fory…

Heddiw, rydw i'n bump oed.

Gorffennaf

1 Mercher		17 Gwener	
2 Iau		18 Sadwrn	
3 Gwener		19 Sul	
4 Sadwrn		20 Llun	Sioe Llanelwedd
5 Sul		21 Mawrth	
6 Llun		22 Mercher	
7 Mawrth	Pen-blwydd!!	23 Iau	
8 Mercher		24 Gwener	
9 Iau		25 Sadwrn	
10 Gwener		26 Sul	
11 Sadwrn		27 Llun	
12 Sul		28 Mawrth	
13 Llun		29 Mercher	
14 Mawrth		30 Iau	
15 Mercher		31 Gwener	
16 Iau			

y Lolfa

1